This Gratitude
Belongs

CW00853201

You are amazing as fuck

Which means you have a lot to be fucking thankful for!

Science tells us that spending even just *one minute a day* focusing on the good shit in your life — no matter how big or small — will make you happier and healthier.

And this funny, profanity spiced gratitude journal will help you do it every day with a big smile on your face.

Here's to getting all the happiness that you fucking deserve!

Starting. Right. Fucking. Now.

Gratitude with Attitude

Be kind as fuck to yourself.

I am fucking thankful for...   Date

_____

_____

_____

I am fucking thankful for...   Date

_____

_____

_____

I am fucking thankful for...   Date

_____

_____

_____

I am fucking thankful for...   Date

_____

_____

I am fucking thankful for...   Date

_____

_____

_____

I am fucking thankful for...   Date

_____

_____

_____

I am fucking thankful for...   Date

_____

_____

_____

Who showed gratitude for me this week

_____

Gratitude with Attitude

You. Are. Fucking. Enough.

I am fucking thankful for...   Date

_____

_____

_____

I am fucking thankful for...   Date

_____

_____

_____

I am fucking thankful for...   Date

_____

_____

_____

I am fucking thankful for...   Date

_____

_____

I am fucking thankful for...   Date

_____

_____

_____

I am fucking thankful for...   Date

_____

_____

_____

I am fucking thankful for...   Date

_____

_____

_____

Who showed gratitude for me this week

_____

Gratitude with Attitude

Do more of what makes you fucking happy.

I am fucking thankful for...   Date

_____

_____

_____

I am fucking thankful for...   Date

_____

_____

_____

I am fucking thankful for...   Date

_____

_____

_____

I am fucking thankful for...   Date

_____

_____

I am fucking thankful for...   Date

_____

_____

_____

I am fucking thankful for...   Date

_____

_____

_____

I am fucking thankful for...   Date

_____

_____

_____

Who showed gratitude for me this week

_____

Gratitude with Attitude

*A grateful heart is a magnet
for more good shit.*

I am fucking thankful for...   Date

_____

_____

_____

I am fucking thankful for...   Date

_____

_____

_____

I am fucking thankful for...   Date

_____

_____

_____

I am fucking thankful for...   Date

_____

_____

I am fucking thankful for...   Date

_____

_____

_____

I am fucking thankful for...   Date

_____

_____

_____

I am fucking thankful for...   Date

_____

_____

_____

Who showed gratitude for me this week

_____

Gratitude with Attitude

Wake up. Kick ass. Repeat.

I am fucking thankful for...   Date

_____

_____

_____

I am fucking thankful for...   Date

_____

_____

_____

I am fucking thankful for...   Date

_____

_____

_____

I am fucking thankful for...   Date

_____

_____

I am fucking thankful for...   Date

_____

_____

_____

I am fucking thankful for...   Date

_____

_____

_____

I am fucking thankful for...   Date

_____

_____

_____

Who showed gratitude for me this week

_____

Gratitude with Attitude

Keep it fucking real.

I am fucking thankful for...   Date

_____

_____

_____

I am fucking thankful for...   Date

_____

_____

_____

I am fucking thankful for...   Date

_____

_____

_____

I am fucking thankful for...   Date

_____

_____

I am fucking thankful for...   Date

_____

_____

_____

I am fucking thankful for...   Date

_____

_____

_____

I am fucking thankful for...   Date

_____

_____

_____

Who showed gratitude for me this week

_____

Gratitude with Attitude

Don't compare your real life to someone else's fake ass highlight reel.

I am fucking thankful for...   Date

_____

_____

_____

I am fucking thankful for...   Date

_____

_____

_____

I am fucking thankful for...   Date

_____

_____

_____

I am fucking thankful for...   Date

_____

_____

I am fucking thankful for...   Date

_____

_____

_____

I am fucking thankful for...   Date

_____

_____

_____

I am fucking thankful for...   Date

_____

_____

_____

Who showed gratitude for me this week

_____

Gratitude with Attitude

Life's too short to hang out with assholes.

I am fucking thankful for...   Date

_____

_____

_____

I am fucking thankful for...   Date

_____

_____

_____

I am fucking thankful for...   Date

_____

_____

_____

I am fucking thankful for...   Date

_____

_____

I am fucking thankful for...   Date

_____

_____

_____

I am fucking thankful for...   Date

_____

_____

_____

I am fucking thankful for...   Date

_____

_____

_____

Who showed gratitude for me this week

_____

Gratitude with Attitude

You're a a fucking unicorn. Just resist the urge to stab assholes with your head.

I am fucking thankful for...   Date

_____

_____

_____

I am fucking thankful for...   Date

_____

_____

_____

I am fucking thankful for...   Date

_____

_____

_____

I am fucking thankful for...   Date

_____

_____

I am fucking thankful for...   Date

_____

_____

_____

I am fucking thankful for...   Date

_____

_____

_____

I am fucking thankful for...   Date

_____

_____

Who showed gratitude for me this week

_____

Gratitude with Attitude

> *You are fucking awesome.*
> *—The Universe*

I am fucking thankful for...   Date

_____

_____

_____

I am fucking thankful for...   Date

_____

_____

_____

I am fucking thankful for...   Date

_____

_____

_____

I am fucking thankful for...   Date

_____

_____

I am fucking thankful for...   Date

_____

_____

_____

I am fucking thankful for...   Date

_____

_____

_____

I am fucking thankful for...   Date

_____

_____

_____

Who showed gratitude for me this week

_____

Gratitude with Attitude

What doesn't kill you makes you stronger. Bet you're pretty swole by now.

I am fucking thankful for...   Date

_____

_____

_____

I am fucking thankful for...   Date

_____

_____

_____

I am fucking thankful for...   Date

_____

_____

_____

I am fucking thankful for...   Date

_____

_____

I am fucking thankful for...   Date

_____

_____

_____

I am fucking thankful for...   Date

_____

_____

_____

I am fucking thankful for...   Date

_____

_____

_____

Who showed gratitude for me this week

_____

Gratitude with Attitude

Smile a lot, even when you're not feeling it. Your brain likes it and it keeps the assholes guessing.

I am fucking thankful for...   Date

_____

_____

_____

I am fucking thankful for...   Date

_____

_____

_____

I am fucking thankful for...   Date

_____

_____

_____

I am fucking thankful for...   Date

_____

_____

I am fucking thankful for...   Date

_____

_____

_____

I am fucking thankful for...   Date

_____

_____

_____

I am fucking thankful for...   Date

_____

_____

_____

Who showed gratitude for me this week

_____

Gratitude with Attitude

Mean people are not happy people. But it's still hard to be sad for those assholes.

I am fucking thankful for...   Date

_____

_____

_____

I am fucking thankful for...   Date

_____

_____

_____

I am fucking thankful for...   Date

_____

_____

_____

I am fucking thankful for...   Date

_____

_____

I am fucking thankful for...   Date

_____

_____

_____

I am fucking thankful for...   Date

_____

_____

_____

I am fucking thankful for...   Date

_____

_____

_____

Who showed gratitude for me this week

_____

Gratitude with Attitude

In a world where you can be anything, be kind. And a little bitchy. Because you're only human after all.

I am fucking thankful for...   Date

_____

_____

_____

I am fucking thankful for...   Date

_____

_____

_____

I am fucking thankful for...   Date

_____

_____

_____

I am fucking thankful for...   Date

_____

_____

I am fucking thankful for...   Date

_____

_____

_____

I am fucking thankful for...   Date

_____

_____

_____

I am fucking thankful for...   Date

_____

_____

_____

Who showed gratitude for me this week

_____

Gratitude with Attitude

You're not bossy. You have fucking leadership skills.

I am fucking thankful for...   Date

_____

_____

_____

I am fucking thankful for...   Date

_____

_____

_____

I am fucking thankful for...   Date

_____

_____

_____

I am fucking thankful for...   Date

_____

_____

I am fucking thankful for...   Date

_____

_____

_____

I am fucking thankful for...   Date

_____

_____

_____

I am fucking thankful for...   Date

_____

_____

_____

Who showed gratitude for me this week

_____

Gratitude with Attitude

If only sarcasm burned calories.

I am fucking thankful for...   Date

_____

_____

_____

I am fucking thankful for...   Date

_____

_____

_____

I am fucking thankful for...   Date

_____

_____

_____

I am fucking thankful for...   Date

_____

_____

I am fucking thankful for...   Date

_____

_____

_____

I am fucking thankful for...   Date

_____

_____

_____

I am fucking thankful for...   Date

_____

_____

_____

Who showed gratitude for me this week

_____

Gratitude with Attitude

*You can't be sarcastic all the time.
You need sleep, too.*

I am fucking thankful for...   Date

_____

_____

_____

I am fucking thankful for...   Date

_____

_____

_____

I am fucking thankful for...   Date

_____

_____

_____

I am fucking thankful for...   Date

_____

_____

I am fucking thankful for...   Date

_____

_____

_____

I am fucking thankful for...   Date

_____

_____

_____

I am fucking thankful for...   Date

_____

_____

_____

Who showed gratitude for me this week

_____

Gratitude with Attitude

If you can't say something nice, write that shit down.

 I am fucking thankful for...   Date

_____

_____

_____

I am fucking thankful for...   Date

_____

_____

_____

I am fucking thankful for...   Date

_____

_____

_____

I am fucking thankful for...   Date

_____

_____

I am fucking thankful for...   Date

_____

_____

_____

I am fucking thankful for...   Date

_____

_____

_____

I am fucking thankful for...   Date

_____

_____

_____

Who showed gratitude for me this week

_____

Gratitude with Attitude

The problem with some people is that they're breathing.

I am fucking thankful for...   Date

_____

_____

_____

I am fucking thankful for...   Date

_____

_____

_____

I am fucking thankful for...   Date

_____

_____

_____

I am fucking thankful for...   Date

_____

_____

I am fucking thankful for...   Date

_____

_____

_____

I am fucking thankful for...   Date

_____

_____

_____

I am fucking thankful for...   Date

_____

_____

_____

Who showed gratitude for me this week

_____

Gratitude with Attitude

Laughter is the best medicine.
Sarcasm is the f*cking cure.

I am fucking thankful for...   Date

_____

_____

_____

I am fucking thankful for...   Date

_____

_____

_____

I am fucking thankful for...   Date

_____

_____

_____

I am fucking thankful for...   Date

_____

_____

I am fucking thankful for...   Date

_____

_____

_____

I am fucking thankful for...   Date

_____

_____

_____

I am fucking thankful for...   Date

_____

_____

_____

Who showed gratitude for me this week

_____

Gratitude with Attitude

There's a difference between talking shit about a person and talking truth about a shitty person.

I am fucking thankful for...   Date

_____

_____

_____

I am fucking thankful for...   Date

_____

_____

_____

I am fucking thankful for...   Date

_____

_____

_____

I am fucking thankful for...   Date

_____

_____

I am fucking thankful for...   Date

_____

_____

_____

I am fucking thankful for...   Date

_____

_____

_____

I am fucking thankful for...   Date

_____

_____

_____

Who showed gratitude for me this week

_____

Gratitude with Attitude

*Sarcasm is the body's natural
defense against stupidity.*

I am fucking thankful for...   Date

_____

_____

_____

I am fucking thankful for...   Date

_____

_____

_____

I am fucking thankful for...   Date

_____

_____

_____

I am fucking thankful for...   Date

_____

_____

I am fucking thankful for...   Date

_____

_____

_____

I am fucking thankful for...   Date

_____

_____

_____

I am fucking thankful for...   Date

_____

_____

_____

Who showed gratitude for me this week

_____

Gratitude with Attitude

*You are a fucking beautiful woman.
Inside and out.*

I am fucking thankful for...   Date

_____
_____
_____

I am fucking thankful for...   Date

_____
_____
_____

I am fucking thankful for...   Date

_____
_____
_____

I am fucking thankful for...   Date

_____

_____

I am fucking thankful for...   Date

_____

_____

_____

I am fucking thankful for...   Date

_____

_____

_____

I am fucking thankful for...   Date

_____

_____

_____

Who showed gratitude for me this week

_____

Gratitude with Attitude

Sarcasm. Because slapping the shit out of people is frowned upon.

♡ **I am fucking thankful for...**   **Date**

_____

_____

_____

✦ **I am fucking thankful for...**   **Date**

_____

_____

_____

♡ **I am fucking thankful for...**   **Date**

_____

_____

_____

I am fucking thankful for...   Date

_____

_____

I am fucking thankful for...   Date

_____

_____

_____

I am fucking thankful for...   Date

_____

_____

_____

I am fucking thankful for...   Date

_____

_____

Who showed gratitude for me this week

_____

Gratitude with Attitude

*Deja poo: That feeling like
you've heard this shit before.*

I am fucking thankful for...   Date

_____

_____

_____

I am fucking thankful for...   Date

_____

_____

_____

I am fucking thankful for...   Date

_____

_____

_____

I am fucking thankful for...   Date

_____

_____

I am fucking thankful for...   Date

_____

_____

_____

I am fucking thankful for...   Date

_____

_____

_____

I am fucking thankful for...   Date

_____

_____

_____

Who showed gratitude for me this week

_____

Gratitude with Attitude

You. Can. Do. This. Shit.

I am fucking thankful for...   Date

_____

_____

_____

I am fucking thankful for...   Date

_____

_____

_____

I am fucking thankful for...   Date

_____

_____

_____

I am fucking thankful for...   Date

_____

_____

I am fucking thankful for...   Date

_____

_____

_____

I am fucking thankful for...   Date

_____

_____

_____

I am fucking thankful for...   Date

_____

_____

_____

Who showed gratitude for me this week

_____

Gratitude with Attitude

"A f*ck must be earned. I can't walk down the street with a bucket of f*cks giving them out to everyone. If I feel like you've earned it. I'll give a f*ck."
—Fuckology.com

I am fucking thankful for...   Date

_____

_____

_____

I am fucking thankful for...   Date

_____

_____

_____

I am fucking thankful for...   Date

_____

_____

_____

I am fucking thankful for...   Date

_____

_____

I am fucking thankful for...   Date

_____

_____

_____

I am fucking thankful for...   Date

_____

_____

_____

I am fucking thankful for...   Date

_____

_____

_____

Who showed gratitude for me this week

_____

Gratitude with Attitude

For fuck's sake — talk to yourself like you would a friend.

I am fucking thankful for...   Date

_____

_____

_____

I am fucking thankful for...   Date

_____

_____

_____

I am fucking thankful for...   Date

_____

_____

_____

I am fucking thankful for...   Date

_____

_____

I am fucking thankful for...   Date

_____

_____

_____

I am fucking thankful for...   Date

_____

_____

_____

I am fucking thankful for...   Date

_____

_____

_____

Who showed gratitude for me this week

_____

Gratitude with Attitude

Throw kindness around like it's fucking confetti.

I am fucking thankful for...   Date

_____

_____

_____

I am fucking thankful for...   Date

_____

_____

_____

I am fucking thankful for...   Date

_____

_____

_____

 I am fucking thankful for...   Date

_____

_____

 I am fucking thankful for...   Date

_____

_____

 I am fucking thankful for...   Date

_____

_____

 I am fucking thankful for...   Date

_____

_____

Who showed gratitude for me this week

_____

Gratitude with Attitude

The journey of a thousand miles begins with a single fucking step.

♥ **I am fucking thankful for...**   **Date**

_____

_____

_____

★ **I am fucking thankful for...**   **Date**

_____

_____

_____

♥ **I am fucking thankful for...**   **Date**

_____

_____

_____

I am fucking thankful for...   Date

_____

_____

I am fucking thankful for...   Date

_____

_____

I am fucking thankful for...   Date

_____

_____

I am fucking thankful for...   Date

_____

_____

Who showed gratitude for me this week

_____

Gratitude with Attitude

A positive attitude may not solve all your problems, but it annoys assholes enough to make it worth the effort.

I am fucking thankful for...   Date

_____

_____

_____

I am fucking thankful for...   Date

_____

_____

_____

I am fucking thankful for...   Date

_____

_____

_____

I am fucking thankful for...   Date

_____

_____

I am fucking thankful for...   Date

_____

_____

_____

I am fucking thankful for...   Date

_____

_____

_____

I am fucking thankful for...   Date

_____

_____

_____

Who showed gratitude for me this week

_____

Gratitude with Attitude

Save your fucks for important shit.

♡ **I am fucking thankful for...**　　**Date**

_____

_____

_____

✦ **I am fucking thankful for...**　　**Date**

_____

_____

_____

♡ **I am fucking thankful for...**　　**Date**

_____

_____

_____

I am fucking thankful for...   Date

_____

_____

I am fucking thankful for...   Date

_____

_____

I am fucking thankful for...   Date

_____

_____

I am fucking thankful for...   Date

_____

_____

Who showed gratitude for me this week

_____

Gratitude with Attitude

Don't worry about what assholes think.
Thinking is not one of their strengths.

I am fucking thankful for...   Date

_____

_____

_____

I am fucking thankful for...   Date

_____

_____

_____

I am fucking thankful for...   Date

_____

_____

_____

I am fucking thankful for...   Date

_____

_____

I am fucking thankful for...   Date

_____

_____

_____

I am fucking thankful for...   Date

_____

_____

_____

I am fucking thankful for...   Date

_____

_____

_____

Who showed gratitude for me this week

_____

Gratitude with Attitude

*Gratitude turns what we have
into fucking "enough."*

I am fucking thankful for...   Date

_____

_____

_____

I am fucking thankful for...   Date

_____

_____

_____

I am fucking thankful for...   Date

_____

_____

_____

I am fucking thankful for...   Date

_____

_____

I am fucking thankful for...   Date

_____

_____

I am fucking thankful for...   Date

_____

_____

I am fucking thankful for...   Date

_____

_____

Who showed gratitude for me this week

_____

Gratitude with Attitude

*Assholes make rules for others
and exceptions for themselves.*

I am fucking thankful for...   Date

_____

_____

_____

I am fucking thankful for...   Date

_____

_____

_____

I am fucking thankful for...   Date

_____

_____

_____

I am fucking thankful for...   Date

_____

_____

I am fucking thankful for...   Date

_____

_____

I am fucking thankful for...   Date

_____

_____

I am fucking thankful for...   Date

_____

_____

Who showed gratitude for me this week

_____

Gratitude with Attitude

May your bucket list be as long as your fuck-it list.

I am fucking thankful for...   Date

_____

_____

_____

I am fucking thankful for...   Date

_____

_____

_____

I am fucking thankful for...   Date

_____

_____

_____

I am fucking thankful for...   Date

_____

_____

I am fucking thankful for...   Date

_____

_____

I am fucking thankful for...   Date

_____

_____

I am fucking thankful for...   Date

_____

_____

Who showed gratitude for me this week

_____

Gratitude with Attitude

Never put the key to your fucking happiness in someone else's pocket.

I am fucking thankful for...   Date

_____

_____

_____

I am fucking thankful for...   Date

_____

_____

_____

I am fucking thankful for...   Date

_____

_____

_____

I am fucking thankful for...   Date

_____

_____

 I am fucking thankful for...   Date

_____

_____

_____

 I am fucking thankful for...   Date

_____

_____

I am fucking thankful for...   Date

_____

_____

_____

Who showed gratitude for me this week

_____

Gratitude with Attitude

*Kindness is like a boomerang.
Throw that shit around and it will
come back to you.*

I am fucking thankful for...   Date

_____

_____

_____

I am fucking thankful for...   Date

_____

_____

_____

I am fucking thankful for...   Date

_____

_____

_____

I am fucking thankful for...   Date

_____

_____

I am fucking thankful for...   Date

_____

_____

I am fucking thankful for...   Date

_____

_____

_____

I am fucking thankful for...   Date

_____

_____

_____

Who showed gratitude for me this week

_____

Gratitude with Attitude

If only closed minds came with closed fucking mouths.

I am fucking thankful for...   Date

_____

_____

_____

I am fucking thankful for...   Date

_____

_____

_____

I am fucking thankful for...   Date

_____

_____

_____

I am fucking thankful for...   Date

_____

_____

I am fucking thankful for...   Date

_____

_____

_____

I am fucking thankful for...   Date

_____

_____

_____

I am fucking thankful for...   Date

_____

_____

_____

Who showed gratitude for me this week

_____

Gratitude with Attitude

Mistakes are proof that you are fucking trying.

I am fucking thankful for...   Date

_____

_____

_____

I am fucking thankful for...   Date

_____

_____

_____

I am fucking thankful for...   Date

_____

_____

_____

I am fucking thankful for...   Date

_____

_____

 I am fucking thankful for...   Date

_____

_____

_____

 I am fucking thankful for...   Date

_____

_____

_____

 I am fucking thankful for...   Date

_____

_____

_____

Who showed gratitude for me this week

_____

Gratitude with Attitude

Don't let the perfect be the enemy of the fucking good enough.

I am fucking thankful for...   Date

_____

_____

_____

I am fucking thankful for...   Date

_____

_____

_____

I am fucking thankful for...   Date

_____

_____

_____

I am fucking thankful for...   Date

_____

_____

 I am fucking thankful for...   Date

_____

_____

_____

 I am fucking thankful for...   Date

_____

_____

_____

I am fucking thankful for...   Date

_____

_____

_____

Who showed gratitude for me this week

_____

Gratitude with Attitude

You can't serve others from an empty cup. So make sure to refill yours by doing shit that makes you smile.

I am fucking thankful for...　　**Date**

_____

_____

_____

I am fucking thankful for...　　**Date**

_____

_____

_____

I am fucking thankful for...　　**Date**

_____

_____

_____

I am fucking thankful for...　　　Date

_____

_____

I am fucking thankful for...　　　Date

_____

_____

I am fucking thankful for...　　　Date

_____

_____

I am fucking thankful for...　　　Date

_____

_____

Who showed gratitude for me this week

_____

Gratitude with Attitude

*When life gives you lemons,
throw them at assholes.*

I am fucking thankful for...   Date

_____

_____

_____

I am fucking thankful for...   Date

_____

_____

_____

I am fucking thankful for...   Date

_____

_____

_____

I am fucking thankful for...   Date

_____

_____

I am fucking thankful for...   Date

_____

_____

_____

I am fucking thankful for...   Date

_____

_____

_____

I am fucking thankful for...   Date

_____

_____

_____

Who showed gratitude for me this week

_____

Gratitude with Attitude

You're not a bitch. You're a teller of unfortunate truths.

I am fucking thankful for...   Date

_____

_____

_____

I am fucking thankful for...   Date

_____

_____

_____

I am fucking thankful for...   Date

_____

_____

_____

 I am fucking thankful for...   Date

_____

_____

I am fucking thankful for...   Date

_____

_____

I am fucking thankful for...   Date

_____

_____

I am fucking thankful for...   Date

_____

_____

Who showed gratitude for me this week

_____

Gratitude with Attitude

You are a fucking rock star.

I am fucking thankful for...   Date

_____

_____

_____

I am fucking thankful for...   Date

_____

_____

_____

I am fucking thankful for...   Date

_____

_____

_____

I am fucking thankful for...   Date

_____

_____

 I am fucking thankful for...   Date

_____

_____

_____

 I am fucking thankful for...   Date

_____

_____

_____

 I am fucking thankful for...   Date

_____

_____

_____

Who showed gratitude for me this week

_____

Gratitude with Attitude

You are a ray of fucking sunshine.

I am fucking thankful for...   Date

_____

_____

_____

I am fucking thankful for...   Date

_____

_____

_____

I am fucking thankful for...   Date

_____

_____

_____

I am fucking thankful for...   Date

_____

_____

I am fucking thankful for...   Date

_____

_____

_____

I am fucking thankful for...   Date

_____

_____

_____

I am fucking thankful for...   Date

_____

_____

_____

Who showed gratitude for me this week

_____

Gratitude with Attitude

It's a beautiful day to get shit done.

I am fucking thankful for...   Date
_____
_____
_____

I am fucking thankful for...   Date
_____
_____
_____

I am fucking thankful for...   Date
_____
_____
_____

I am fucking thankful for...   Date

_____

_____

I am fucking thankful for...   Date

_____

_____

I am fucking thankful for...   Date

_____

_____

I am fucking thankful for...   Date

_____

_____

Who showed gratitude for me this week

_____

Gratitude with Attitude

*Assholes who have no life will try
to make drama in yours.*

I am fucking thankful for...   Date

_____

_____

_____

I am fucking thankful for...   Date

_____

_____

_____

I am fucking thankful for...   Date

_____

_____

_____

 I am fucking thankful for...   Date

_____

_____

 I am fucking thankful for...   Date

_____

_____

_____

 I am fucking thankful for...   Date

_____

_____

_____

 I am fucking thankful for...   Date

_____

_____

_____

Who showed gratitude for me this week

_____

Gratitude with Attitude

If a plan doesn't work, change the fucking plan. Not the goal.

I am fucking thankful for...   Date

_____

_____

_____

I am fucking thankful for...   Date

_____

_____

_____

I am fucking thankful for...   Date

_____

_____

_____

I am fucking thankful for...   Date

_____

_____

 I am fucking thankful for...   Date

_____

_____

_____

 I am fucking thankful for...   Date

_____

_____

_____

I am fucking thankful for...   Date

_____

_____

_____

Who showed gratitude for me this week

_____

Gratitude with Attitude

Fuck what "they" think.

I am fucking thankful for...   Date

_____

_____

_____

I am fucking thankful for...   Date

_____

_____

_____

I am fucking thankful for...   Date

_____

_____

_____

 I am fucking thankful for...   Date

_____

_____

I am fucking thankful for...   Date

_____

_____

_____

I am fucking thankful for...   Date

_____

_____

_____

 I am fucking thankful for...   Date

_____

_____

_____

Who showed gratitude for me this week

_____

Gratitude with Attitude

At this moment, imagine that someone else is giving fucking thanks for you. Because they are.

I am fucking thankful for...   Date

_____

_____

_____

I am fucking thankful for...   Date

_____

_____

_____

I am fucking thankful for...   Date

_____

_____

_____

I am fucking thankful for...   Date

_____

_____

 I am fucking thankful for...   Date

_____

_____

_____

 I am fucking thankful for...   Date

_____

_____

_____

 I am fucking thankful for...   Date

_____

_____

_____

Who showed gratitude for me this week

_____

Gratitude with Attitude

Would rainbows inspire as much awe if they didn't follow shitty weather?

I am fucking thankful for...   Date

_____

_____

_____

I am fucking thankful for...   Date

_____

_____

_____

I am fucking thankful for...   Date

_____

_____

_____

I am fucking thankful for...   Date

_____

_____

 I am fucking thankful for...   Date

_____

_____

_____

I am fucking thankful for...   Date

_____

_____

_____

I am fucking thankful for...   Date

_____

_____

_____

Who showed gratitude for me this week

_____

Gratitude with Attitude

You are fucking awesome.
Keep that shit up.

I am fucking thankful for...   Date

_____

_____

_____

I am fucking thankful for...   Date

_____

_____

_____

I am fucking thankful for...   Date

_____

_____

_____

I am fucking thankful for...   Date

_____

_____

 I am fucking thankful for...   Date

_____

_____

_____

 I am fucking thankful for...   Date

_____

_____

_____

I am fucking thankful for...   Date

_____

_____

_____

Who showed gratitude for me this week

_____

Notes

Notes

Notes

Notes

Notes

Notes

Printed in Great Britain
by Amazon